Ulrich Rach

A Seidla Fränkisches

„Der Franke als solcher“, Teil II

Eine humoristisch-satirische Betrachtung fränkischen Lebens, fränkischer Art und fränkischer Sprache

wek-Verlag
Treuchtlingen–Berlin

Ulrich Rach, geb. 1947 in Hof. Redakteur bei den „Nürnberger Nachrichten". Seit 1971 Liedermacher und Lyriker. Preisträger des Liedermacher-Wettbewerbs im Bayerischen Rundfunk (1972). Seither zahlreiche Konzerte und Lesungen. Träger des Publizistikpreises der bayerischen Bezirke (1990) und des Frankenwürfels (2002). Ehrenpreis Fränkische Mundartmeisterschaft (2006).
Buchveröffentlichungen: Liewer Karri (1981), Die Erde dürstet, Herr, nach Dir (1987), ... doch flieg ich wie ein Vogel (1989), Ganz nebenbei – und voll daneben (1998), Der Franke als solcher (2005)

Bibliografische Information Der Deutschen Bibliothek
Die Deutsche Bibliothek verzeichnet diese Publikation in der Deutschen Nationalbibliografie; detaillierte bibliografische Daten sind im Internet über http://dnb.ddb.de abrufbar.

Layout, Gestaltung und Prepress: wek-Verlag Walter E. Keller
Titelbild und Zeichnungen: Thomas Scheidl, Foto auf der Rückseite: Walter E. Keller
Digital-Druck: SDL Berlin
Printed in Germany

ISBN 978-3-934145-42-9

A boor Wördla vorweg

In einer Zeit, in der sich das Leben immer mehr globalisiert und internationalisiert, besinnt sich der Mensch zunehmend auf seine Heimat. „Heimat", vor einiger Zeit noch ein Begriff, der oft abschätzig belächelt wurde, erfährt wieder hohe Wertschätzung.

Auch in Franken zeigt sich dieses Phänomen. Fränkische Sprache, fränkische Geschichte, fränkische Art und Lebensweise ziehen die Zeitgenossen in ihren Bann. Auf heitere Weise trug das von mir verfasste und weitgehend auf Glossen aus den „Nürnberger Nachrichten" basierende Bändchen „Der Franke als solcher" zur fränkischen Bewusstseinsbildung bei. Mit schelmischem Sinn will auch der zweite, ähnlich angelegte Band, betitelt „A Seidla Fränkisches", diesem Ziel dienen.

Und er möchte trotzdem über den fränkischen Horizont hinausreichen: Indem nämlich sein Erlös, wie der des ersten Bändchens auch, den Kranken- und Waisenhausprojekten von Dominikanerinnen in Thika/Kenia zugute kommt, das vor allem aidskranken und vom somalischen Bürgerkrieg geschädigten Kindern dient.

Satire aus Franken gegen die Not in Afrika: eine Synthese, die ungewöhnlich klingt, aber, wie der erste Teil der heiteren fränkischen Betrachtung bewies, äußerst erfolgreich sein kann.

Viel Spaß beim Lesen!

Ulrich Rach

A WENG WENG ZEID ZERZEID

Die fränkische Sprache als solche ist reich, schön und fantasievoll. Sie gelangt zum Furioso, wenn der Franke als solcher Begriffe wie gscheid, fei und a weng einsetzt. Nein, wenn er mit ihnen kunstvoll variiert.

Wenden wir uns also beispielsweise a weng dem „a weng" zu, begeben uns dabei in die Vergangenheit, nämlich zum vorigen Wahltermin, und lauschen einem ausdrucksvollen Dialog zweier Franken, die sich auf dem Weg zum Wahllokal befinden.

„No, gessd aa a weng wähln?"

„Scho, aber ich dumer a weng schwer."

„Iich überleg aa immer noch a weng, wo iich a weng meine Kreizla hiemachn kennd."

„Waals alle widder a weng arch vill Wind gmachd habm."

An dieser Stelle verdreht der hochdeutsch sprechende Mensch im Allgemeinen a weng die Augen. „A weng arch vill": Diesen Höhepunkt sprachlicher Ausdrucksfreude und Wendigkeit, den wir uns genussvoll auf der Zunge zergehen lassen, „a weng arch vill", rechnet der Nichtfranke bisweilen fälschlicherweise der chinesischen Sprache zu.

Das gilt unverständlicherweise auch für poetische Sätze wie: „Es war a weng arch eng, drum hammer a weng weng gseng." Während der Journalismus-Vorlesungen an der Ansbacher Fachhochschule bekommen die chinesischen Gaststudenten bei Formulierungen wie diesen stets heimwehbedingt a weng feuchte Augen.

Der norddeutsche Mensch indes verdrängt an solchen Stellen oft und gerne a weng, dass sein Hochdeutsch, historisch gesehen, im Prinzip nur a weng a künstliche, a weng arch gestelzte Abart des Fränkischen ist. Er mag darüber a weng verwundert sein, aber des is halt amal a weng so.

Weil nämlich die Preißn die zweite und dritte Lautverschiebung nicht mitgemacht haben. Wir vermuten, die haben sie schlicht und einfach nicht gepackt. A weng weng Intellekt halt. Und wenn dann früher so a Fischkopf amal a weng nach Franken gekommen ist, hat der Franke zu ihm gesagt: Edz sagsd mal a weng schee: „Weggla". „Weckla" hat dann der Preiß gesagt, und dem Franken hat es fast a weng die Schlabbm ausgezogen.

Also versuchmers nochamal a weng, hat dann der Franke gemeint. Dann sagsd edz: Bobogladscher. Oder soch a weng Gaaferlädzla, Gnärdzla, Greinmeichala, Gniifisl oder Gaagerlaskuubf. Der Preiß hat bloß a weng asthmatisch nach Luft geschnappt und hat weiter in seiner Heringssprache geredet. Und das tut er heute noch. Und ned bloß a weng.

Doch wenden wir uns wieder a weng ab von den Irritierten und Unwissenden und wieder a weng unseren beiden fränkischen Wählern und ihrem politischen Zwiegespräch zu.

„Und am Schluss kummd doch widder a weng arch weng raus."

„Des machdmer fei a weng zu schaffen."

„Kumm, edz beaalmer uns a weng, dassmers a weng schneller hinder uns kriegn, des Wähln. Eigendlich hab iich nämlich a weng weng Zeid zurzeid."

„Miir könndn aber einfach aa a weng a Seidla trinkn gehn."

„A weng a Seidla?"

„Des kannsder mergn: Wennst a weng a Bierla wählsd, wählsd auf jedn Fall ned falsch."

„Achgodderla, du hasd hald immer a weng a gude Idee."

A SU A SENFT

Der Franke als solcher gibt relativ selten ungefragt seinen Senft zu irgendetwas ab. Weil er a weng Mohres had, dass er dabei womöglich selbst gscheid Senft produzieren könnte. Dennoch ist der Senft für den Franken durchaus von herausragender Bedeutung. Beispielsweise in der realen, knallgelben, schtreichfähigen, scharfen und mittelscharfen, weniger in der süßen Form. Bradwöschd im Weggla ohne Senft beispielsweise sind für den wahren Genießer wie das i ohne Dübfala.

Aber auch auf andere Weise besitzt der Senft für den Franken, senftwissenschaftlich gesehen, herausragende Wertstellung: als Wördla schlechthin nämlich. Ist es doch bekanntlich das einzige der fränkischen Sprache, das sich mit hardn „t" schreibt. Und so verwundert uns, dass das kürzlich erschienene Langenscheidt-Wörterbuch „Lilliput Fränkisch" als neues Standardwerk fränkischer Sprachkultur den wichtigen Begriff „Senft" missen lässt. Sonst steht jeder Senft drin. Aber eben ned „Senft".

„Senft": Dieses Wort zergeht dem Franken nicht nur auf der Zunge, es ist auch vielfältig einzusetzen. Man kann den Senft eben nicht nur essen, zu einem Schnerpfala Woschd oder Bressag, sondern sprichwörtlich auch in die Welt setzen; man kann sich auch gscheid nei in Senft hoggn, was so viel bedeutet wie arch daneben langen.

Man kann Senft reden oder Senft verzapfn, was besonders häufig in der Politik geschieht. Aber man kann auch Senft schreiben. Und seine Ergüsse mit dem Kommentar versehen finden: „A su a Senft". Was hoffentlich nicht mit diesem Beitrag geschieht.

WARUM DES SEIDLA SEIDLA HEISST

Der Franke als solcher genießt nur wenige andere Dinge im Leben so heftig wie sein Seidla. So ein Seidla hat es eben in sich. Aber nicht nur als Gaumengenuss, gefüllt mit fränkischem Gerstensaft, sondern auch als verbale Ausdrucksform von fränkischer Lebenslust und Lebensart. Das „Seidla" gibt es in keiner anderen Sprache der Welt. Und es zählt mit seiner seidigen Weichheit und seiner Inhaltsschwere zu den zentralen Worten des Fränkischen. A Seidla: welcher Wohlklang!

Um die Wurzeln und Feinheiten dieses köstlichen Wördlas zu ergründen, blicken wir in eine Gartenwirtschaft am Altmühlsee. Sie ist rappelvoll. An einem der Tische sind allerdings noch ein paar Plätze frei. Nur ein einzelner Mann – Zeitung lesend – sitzt dort, den wir fortan „Einheimischer" nennen. Eine Urlauberfamilie betritt den Wirtsgarten: Mutter, Vater (mit Rucksack), zwei Kinder im Abc-Schützenalter. Sie alle steuern schnurstracks auf den Tisch mit den noch freien Stühlen zu.

Vater zum Einheimischen (gestochenes Hochdeutsch): „Entschuldigung, dürfen wir uns hier hinsetzen?"

Einheimischer (mit wenig einladendem Gesichtsausdruck): „Hmm. Bassd scho."

Die Familie nimmt Platz. Überraschend schnell kommt die Bedienung.

Bedienung zum Vater: „Was darf's sein?"

Vater: „Also zwei Limonaden für die Kinder, für meine Frau so ein Apfelmischgetränk und für mich ein Pilsner. Ach was. Eine Halbe Pilsner, meine ich. Wir sind ja hier in Bayern, gell? Hahaha."

Bedienung (wendet sich leicht genervt dem Einheimischen zu): „Und was kriegn edz Sie?"

Einheimischer: „Bradwöschd mid Graud und a Seidla Einfachs."

Kellnerin dreht sich ab.

Vater (stutzt): „Was haben Sie bestellt? Ein Seidla?"

Einheimischer (unwirsch von der Zeitung aufblickend): „A normals Bier hald."

Vater: „Ach, ich dachte immer, in Bayern heißt das eine Halbe, also eine Hoibe. Hahaha."

Einheimischer (noch unwirscher): „Bei uns in Franggn ned."

Vater: „Also hier ist das ein Seidla." (Zu seiner Frau): „Siehst du, Luise, man lernt nie aus." (Wieder den Einheimischen ansprechend): „Und warum heißt hier die Hoibe Seidla?"

Einheimischer: „Waaß iich ned."

Vater: „Ich könnte mir vorstellen, dass das Wort vielleicht von Sieden herrührt. Ein altes Sudmaß wahrscheinlich. Sud, sieden, Seidla – das klingt doch verwandt. Oder, Herr Nachbar?“

Einheimischer (die Augen verdrehend): „Ja, ja, kann scho saa.“

Vater: „Ach, da gibt es doch auch das Seidel. So ein Schöpfgefäß. Unsere Oma hatte noch so ein Seidel. Und ein Seidla ist eigentlich ein Seidlein. So wird das sein. Nicht wahr?“

Einheimischer: „Des bassd scho. Ein Seidlein.“

Inzwischen schleppt die Kellnerin die Getränke heran.

Vater: „Da kommen ja unsere Seidla. Kinder, wenn wir noch ein paar Tage hier sind, sprechen wir perfekt Bayerisch. Hahaha.“

Einheimischer zuckt und schweigt. Und er setzt verzweifelt sein ganz und gar nicht bayerisches, dafür aber ausgesprochen fränkisches Seidla an, von dem wir nach einigen Nachforschungen wissen, dass es auf das mittelhochdeutsche Siedel zurückzuführen ist, das als Schöpfmaß vormals etwas mehr als einen halben Liter enthielt und sprachlich vom alten römischen „Situla“, der Eimer, abstammen soll. Und hoffen wir nun, dass der Urlaubervater in seiner norddeutschen Heimat nicht erzählt, die Franken trinken das Bier eimerweise. Obwohl dies ja irgendwie stimmt.

A KUMMER KENND KUMMA

Der Franke als solcher ist, wie wir wissen, ein Sprachkünstler. Ihm gelingt es nämlich beispielsweise trefflich, bisweilen mit wenigen gleich klingenden Lauten auszukommen und diese so variabel einzusetzen, dass sie zu vielfältiger Bedeutung und Aussagekraft gelangen. Was vor allem den Nichtfranken gelegentlich irritiert. Wenn beispielsweise a Kummer kumma kennd, oder wenn man im Falle von Untröstlichkeit jemanden kennerd, der ann trösten kennerd, oder wenn dann doch zur Feier eines schönen Tages a Dordn dordn schdedd, dann ist das für die Nicht-Eingeborenen bisweilen nur schwer einzuordnen.

Einem fränkischen Menschen aber klingen solche Laute wie Musik in den Ohren, wie auch nachfolgendes Zwiegespräch verdeutlichen soll.

Franke 1: Kummner nei.

Franke 2: Iich bin ja bloß kumma, um dir korz zum Gebordsdach zu graduliern.

Franke 1: Ach kumm, des brauchds doch ned. Aber du kummsd mer grad rechd. Die Dordn schdedd scho dordn.

Franke 2: Fei werkli. Da schdedd a Mordsdrumm Dordn dordn. Deswegn bin iich fei ned kumma.

Franke 1: Do kummsd aber edz ned drumm rum. Kumm, lassder a Schdiggla auflegn.

Franke 2: Iich hab doch so an Kummer mid mein Gewichd. Aber kumm, tu ner a Eggla her. Wer waaß, was neggds Jahr kummd.

Franke 1: Was solln kumma?

Franke 2: Noch mehr Kummer kennd kumma. Kennersd du ann, der mir helfen kennerd, wenn a Kummer kummerd?

Franke 1: Na klor. Iich kenn sogar ann, der kennerd dafür

sorgen, dassd was wern kennersd, ohne dassd arch vill kennersd. Wann kennersdn eintreten in unser Partei?

Franke 2: Ach kumm, do kummd doch aa nix raus dabei. Es kummd eh, wie's kummd.

Franke 1: Ja, ja, wennsner ned so arch kummd. Aber wenn's amal gscheid arch kummd, kannsd fei immer zu mir kumma.

Franke 2: Kumm, do dringmer a Seidla drauf und lassn die Dordn dordn Dordn saa.

KASPARS UNTERHEMD

Der Franke als solcher wechselt gerne auf die andere Straßenseite, wenn ihm die Gefahr droht, nach dem Weg gefragt zu werden. Oder er verlässt ein Wirtshaus wieder, wenn er sich an einen Tisch setzen müsste, an dem schon jemand hockt. Manche bezeichnen das hochtrabend als „Kommunikationsschwäche". Der Franke selbst führt die Zurückhaltung eher auf die Erfahrungen zurück, die er dann und wann mit dem einen oder anderem so genannten kommunikationsfreudigen deutschen Volksstamm macht.

Um hier ein Beispiel zu setzen, besteigen wir zusammen mit einem eingeborenen Franken im Bahnhof von Ansbach den Intercity nach Nürnberg. Und stoßen dort im allerersten Wagen auf eine Gruppe des Seniorenclubs Hannover und Umgebung. Um es deutlich zu sagen: Es handelt sich um etwa ein Dutzend Preißn, ebenso kommunikations- wie lautstark. So erfährt der Eingeborene sehr schnell und drastisch, dass der Rentnerklub gerade einen geschichtlichen Ausflug in die schönste Gegend Deutschlands unternimmt: nach Franken.

Noch während das Bähnla steht, hebt ein Mensch mit besonders dröhnender Stimme zu einem Monolog über das Leben und Sterben des Hausers Kaspars an. Wobei er sich gegenüber dem einen oder anderen Detail als sehr großzügig erweist. „Und auf der Rückreise", so verkündet er dem fröhlichen Rentnerkreis beispielsweise, „werden wir uns dann hier im Ansbacher Museum das blutige Unterhemd von Hauser anschauen."

Der Eingeborene weiß zwar ziemlich sicher, dass das museale Dessous mit dem getürkten Blutfleck ein Underhösla is und kein Hemd, also eine Art Boxershort, mit Eingriff. Aber er tut das, was der Franke in solchen Situationen zu tun pflegt. Er denkt: Bassd scho. A Preiß hald. Und schweigt gelassen. Zunächst.

Als der Zug nämlich gerade Heilsbronn passiert, erhebt der norddeutsche Mensch mit dem Habitus eines Generals erneut seine Stimme und klärt seine Zuhörer darüber auf, dass es „in diesem schönen Städtchen ein gewaltiges fünfeckiges Kastell mit einer hohen Mauer und trutzigen Türmen" gibt. „War mal Zuchthaus. Später dann Arbeitslager." Was der Eingeborene mit höchstem Erstaunen hört. Derweil er Heilsbronn gut kennt, aber dort noch nie ein gewaltiges Kastell oder auch nur ein klitzekleines Zuchthaus entdecken konnte. Auch ein noch so angestrengter Blick aus dem Zügla bringt da keine neuen Erkenntnisse.

Also springt der fränkische Mensch über seinen fränkischen Schatten und richtet in aller Bescheidenheit und Friedfertigkeit ein aufklärendes Wort an den fremdenführenden Preißn: „Ich glaub, Sie verwechseln da was. Hier gibd's ka riesiges Kastell. Eingdlich überhaubd ka Kastell".

Achgodderla naa. Si tacuisses, philosophus mansisses, sagte sogar der alte Römer schon. Frei übersetzt: Wennsd die Maul ghaldn häddst, wärs gscheider gwesn. Preißische Fremdenführer sind nämlich nicht nur kommunikationsstark, sondern offensichtlich auch sehr empfindlich. Was die herbe Reaktion belegt: „Männeken, mischen Sie sich gefälligst nicht in meinen Vortrag ein! Das geht nur mich was an!" Wir sagn ja schon nix mehr. „Und nun, meine Damen und Herren, erreichen wir gleich Nürnberg, Zentrum und Bezirkshauptstadt von Mittelfranken".

Bassd scho. Also gehmer hald doch lieber wieder auf die andere Straßenseite, wenn aaner kommd, der uns nach dem Weg fragen könnte.

WECKLAFREIE ZONE FRANKEN

Der Franke als solcher vernimmt mit Staunen und Hochachtung, dass der oberbayerische Ort Gotzing zur „Tschüssfreien Zone" erklärt wurde. Und der Franke stellt voller Neid fest, dass er selbst längst auf diese Idee hätte kommen müssen. Weil sich nämlich auch in Franken neben dem englischen Sprachfrevel (Isigräddid, igiddigidd) auch der nieder- und norddeutsche pandemieartig ausbreitet.

Hören wir doch beispielsweise in fränkischen Rundfunksendern zunehmend häufig die Zeitansage, die im Prinzip kein Franke versteht: „Es ist Viertel nach Neun". „Värdlzehn", meint der Mensch im Radio hald. Und könnte doch wenigstens sagen: „Viertelzehn". Ebenso wie er sich die Grüße „Guten Tach" und „Tschüss" ersparen könnte. Weil es in Franken schließlich immer noch „Grissgodd" und „Ade" heißt. Ja, wo semmer denn?

Diese grundlegende Frage stellt sich auch, wenn an fränkischen Bradwoschdschdänden die berühmten „Drei im Weckla" angeboten werden. Wir fürchten, hier spielen ebenfalls dunkle Mächte anderer germanischer Stämme ein übles Spiel mit der fränkischen Sprache und Kultur. Kein Franke isst ein Weckla, geschweige denn, dass er es in dieser Weise ausspricht.

Das „ckl" in dieser knüppelharten Form bringt er niemals über die Lippen. „Ckl": eine Zumutung! Weckla: Der fränkische Mensch würde sich den Kiefer brechen. A Weggla is immer noch a Weggla. Mit budderweichem, zuckerzartem „k" und einem „l", bei dem die Zunge so arch am Gaumen bichd, dassmer meint, sie ist festgewachsen.

Aber leider ist eben die reine Lehre der oberostfränkischen Sprache massiv bedroht: Vor allem auch in der Gastronomie. Wenn ein Wirt, wie kürzlich in Nürnberg gesehen, zum Beispiel „Schäuferle mit Sauerkohl und Klößen" anbietet, oder „Backers" oder „Kohlrouladen" oder „Rotkohl", dann wird das Schäufala samd Graud und Gniedla in der Pfanne verrückt, die Baggers, die Graudwiggala und des Blaugraud gleich mit.

Dem Franken als solchen zieht es regelrecht die Schlabbm aus. Und er mecherd siich am libbsdn sofodd in a gscheids Wärdshaus hoggn und gscheide Bradwöschd veschbern. Aber dann kriegt er im „Brotzeitpoint" doch bloß wieder „ein Paar fränkische Rostbratwürstchen mit Weckla". Wir rufen hiermit empört und betroffen die „isi-, point- und wecklafreie Zone Franken" aus.

SU A WEDDER, DUNNERWEDDER

Der Franke als solcher ist ein Meister, wenn es darum geht, über die wichtigen Dinge des Lebens zu philosophieren und sich dialektisch mit ihnen auseinander zu setzen. Beispielsweise mit der Frage des Wetters. Was nachfolgender Dialog zwischen zwei (nicht mehr ganz jungen) Franken dokumentiert, wie er kürzlich im Bummelbähnla zwischen Roßtal und Nürnberg zu hören war.

Fahrgast I: Na Karl, wie gedds?

Fahrgast II: Es gedd scho.

Fahrgast I: No gedds ja.

Fahrgast II: Nur is Wedder. Sechsadreißich Grad im Schaddn. Iich schwidz wie a Sau. Am gscheidsn wärs, mer bleiberd dahamm.

Fahrgast I: Sch … wedder.

Fahrgast II: Aber morgen solls duschn. Den ganz Doch.

Fahrgast I: A Glügg, dassder Glubb noned schbilld. Der schbilld immer so schlechd beim Regn.

Fahrgast II: Fraali, wer is scho guud drauf, wenn's rengd?

Fahrgast I: Ja, ja, Sch … wedder.

Fahrgast II: Und neggsde Wochn solls a weng schee saa und a weng renga. Auf jeden Fall solls gscheid kälder wärn.

Fahrgast I: Dunnerwedder. Und des im August. Su a Sch … wedder.

Die beiden schauen sich an und beginnen – schlussfolgernd – lauthals zu lachen. Was beweist, dass der Franke als solcher nicht nur leidenschaftlich nörgelt, sondern auch gscheid mit Selbstironie ausgestattet ist.

DER UNKEUSCHE WEIN VOM ALTMÜHLSEE

Den fränkischen Stamm als solchen spaltet ein Glaubensproblem: Die Frage nach der Wertstellung des Hochgeistigen nämlich. Während sich also der Ober- und Mittelfranke im Allgemeinen lieber mit an Seidla Bier oder mit zwei, oder mit fünf in den Rausch der Sinne befördert, tut dies der Unterfranke vornehmlich mid a boor gscheide Schobbm weißn oder rodn Franggn.

Dies ist, wie wir wissen, historisch bedingt. Weil halt am Mittellauf des Mains von jeher gar süße Reben gedeihen. Der Franke im Osten sich hingegen in seinem vergleichsweise arktischen Klima eher mit Sauerampfer und Babblschdögg (für alle Nichtfranken: Pappelstöcke, ein Unkraut in der Wiese), also mit Babblschdögg oder höchsten Hopfen zufrieden geben musste. Nun verschwimmen in Zeiten der Globalisierung bekanntlich alle Grenzen.

Und so kommt seit einigen Jahren auch so manches gute Tröbfla Rebensaft aus dem nördlichen Mittelfranken. Patrioten schwören: Es gibd ka besseres. Nie aber in der jüngeren Geschichte hörte der Trinker von einem Wein aus dem südlichen Mittelfranken. Dies ist neuerdings anders: Am Altmühlsee kredenzen sie jetzt einen heimischen Trunk, rot und im Bocksbeutelformat mit dem Namen „Muhrer Busenschlecker“.

Der sensible Leser mag an dieser Stelle zusammenzucken. Wir können leider auch nichts für die verbale Unkeuschheit. Verantwortlich für die Idee sind drei gestandene Herren aus Muhr am See, die sich zur „Ersten Muhrer Winzerbruderschaft“ formierten. Unter ihnen sogar der Bürgermeister.

Ausgerechnet in bierseliger Runde soll die Schnapsidee vom Busenwein entstanden sein. Wir wagen nicht darüber zu spekulieren, wie dieses Stammtischgespräch verlaufen ist, schon aus Rücksicht auf das jugendliche Leserpublikum. Offiziell allerdings beziehen sich die Namen gebenden Winzerbrüder auf eine historische Gestalt aus Muhr, den Altmühl-Fischersohn Erchambold, der von dem im Weinnamen beschriebenen männlichen Urtrieb besonders beseelt gewesen sein soll. Was den Weinbau-Novizen offenbar noch heute heftig imponiert.

So bieten sie jetzt in einer bescheidenen Anzahl von Flaschen ihren Schwarzriesling mit unzüchtigem Namen, aber ohne Prüfnummer und amtlichen Segen des fränkischen Weinbauverbands an. Und wenn auch das Etikett mit zwei an busenartigen Weintrauben schnullernden Männern eher dem Bereich der Geschmacklosigkeit zuzuordnen ist, so soll der Geschmack des roten Tröpfchens doch hervorragend sein: wie Wildkirsche, makellos wie zarte Haut, wie die samtige Pfote einer Raubkatze, heißt es. Na denn, wohl bekomm's am Altmühlsee.

DAUBMGOOGERER

Der folgende Deggsd mid dem Dema „Der Daubmgoogerer und die Durdldaubm" endschdammd dem Fachvordrag, den der Dierarzd Doggder Diddmar Dudendörfer den Dunnerschdoch drom'n Daudnwindn gehaldn had. Und der die gesamde budderweiche Schönheid des oberosdfränggischn Dialegds dogumendierd.

„Daubmfreunde!

Die Durdldaubm durdln dauernd. Dädn die Durdldaubm ned dauernd durdln, dädn die Daubmgoogerer daab dreinschaun. Denn dann derferdn die dabfern Dierzüchder die

Drimmer Daubmeier samd Dodder derwaal derlaans durch den Daubmgoogererbürzzl dränga und drüberbrüdn.

Doch davor driggerdn die debberdn Dingerla die Daubmgoogerer gscheid draufn Dünndarm odern Diggdarm. Oder drauf die Brosdada. Do däd amend der Dadderich oder der Dreewurm die Daubmgoogerer derwischen. Oder die griecherdn an Baddscher. Odern Drumm Dachschadn. Dann dädn die Dübbn derschreggn und draurich dengn: Dunnerwedder, dädn doch die draamhabberdn Durdldaubm dauernd durdln.

Dadsächlich doch dänna die drollichn Dierla droom'n dunggln Daubmschlooch goddseidang Doch und Nachd lusdvoll durdln. Desderweeng dangn die Daubmgoogerer, die Duuslkeenich, derhamm däglich den Durdldaubm.

Dodermid dud der Daubmvordrag endn.

Dangschee, dassder doward. Edzd, Daubmfreunde, dengd droo: Dordn schdedd die Dordn. Dudner neischlachdn. Und dabei dürfder düchdich durdln!"

(Damiders wissd: Dieser dengwürdiche Deggsd endhäld fasd dreihunnderd budderweiche „t" und edliche Dudzend hauchzarde oberostfränggische „p" und „k". Da schdaunder. Schdimmds?)

ERDBFL UND GRUMBM

Der Franke als solcher ist naturgemäß arch begeistert, dass auch seine Mundart nun endlich die Würde eines Unterrichtsfaches in der Schule erreicht hat. Aber der Franke wäre kein Franke, wenn er bei dieser Nachricht nicht schon wieder zu nörgeln anfinge: Indem er feststellt, dass zwischen Aschaffenburg, Hof und Dinkelsbühl Fränggisch ja wohl ned gleich Fränggisch ist. Ähnliches gilt selbstredend auch für Mittelfranken als solches.

Wie, fragt sich der Kundige, soll beispielsweise ein Lehrer vom Hesselberg, der jedes einzelne „R“ in jedem einzelnen Wort so rollt, als stünden mindestens sieben „R“ hintereinander, den Kinnerla in Närmberch ihren Dialekt beibringen? Oder einer aus Fädd denen in Rothenburg, wo angesichts einer ausgeprägten fränkisch-alemannischen Grenzmundart sogar der dialektbewanderte Franke gut daran tut, zum Gespräch mit dem Einheimischen ab und an einen Dolmetscher hinzuzuziehen?

Das Problem beginnt schon, wenn der Herr Lehrer/die Frau Lehrerin die Madla und Bubm in die Pause schickt: Also, edz dudder schee zum Hausmaaster geh (oder gäih) und kaafd eich a … Ja, was edz? A Wegg? A Weggla? A Weggle? A Weggerli? A Bröödla? A Breedla? A Laabla? A Laabli? A Semmala? A Semmerli? A Semmele?

Für alle des Fränkischen nicht Mächtigen: Dies alles sind Synonyme für das gemeine Brötchen. Ohne Sonderformen wie Kipf, Kipfla, Schdölleli oder Schdella.

Genauso schwierig könnte es auch werden, wenn die Kartoffel als solche zum Unterrichtsthema werden sollte. Die heißt, je nach Region, Bodaggn, Boddadn, Grumbiirn,

Grumbm, Errbirn, Eebiirn, Ärbfl, Errebfl, Erdäbfl, Aadöbfl oder Erbro. In zerdrückter Form kennt sie der Franke als Schdobfer, Schdambf, Grumbiirn- oder Ärbflbrei und als Erdäbflmambf. Besonders heiß allerdings liebt der fränkische Mensch Gniedla, Glees oder Glöös, mit den speziellen Varianten als baamwollne, kochde, halbseidna, seidna, raue, rohe, grüne oder baggne, als Baggers, Gadeiserglöös und Zwedschgengniedla.

Arme fränkische Lehrer! Dabei haben sie noch Glück, dass wenigstens die Bradwöschd (fast) allerorten Bradwöschd heißen. Wobei schon der Wunsch nach dem guten Appetit wieder regional variiert: goudn Abbedid, guudn Abbedid oder guedn Abbedid.

Um hier Irritationen zu vermeiden, bleibt den geplagten Fränkischlehrern aber immerhin die Möglichkeit, diesen Herzenswunsch auf eine Formel zu bringen, die dann doch jeder in Franken kennd und verschdedd. Und der auch an dieser Stelle nichts hinzuzufügen ist: Lassds eich no gscheid schmeggn, Leidla.

HIMMLISCHES FRANKEN

Wir begeben uns zur Himmelspforte, öffnen sie vorsichtig, blicken durch den Türspalt und sehen dort im Paradies eine männliche Gestalt im engelsweißen Hemd mit Dreispitz auf dem Haupt und einer Gitarre auf dem Schoß. Gesang ertönt: „Bradwöschd und Sauergraud, Bradwöschd und Sauergraud, Bradwöschd und Graud". Der himmlische Sänger entdeckt uns Neugierige:

Allmächd, wo kummdn ihr her? Irdische haben doch hier in den Himmeln keinen Zutritt!

Also ich bin der Markgraf, ehemals Ansbach, Franggn. Miir bereiten hier gerade a weng a Feier vor. Miir müssn hald immer a bissla lobsingen und jubilieren. Sonst wärs ja langweilig. Und die Cherubinen und Serafinen hätten nix zu tun. Da brauchen wir auch immer so Anlässe. Also hab ich als alter Markgraf vorgeschlagen, miir machen a weng a Franken-Festla auf der Himmelswiesn mit Manna und Himmelstau. Bradwöschd und a Seidla gibds ja bei uns leider nicht.

Iich hab gehört, Ihr feiert do undn bei Euch edz auch immer so Franggn-Festla. Also des Festla hat euch der Landtag geschenkt, dassder immer dran denken dudd, wie gut ihr Franggn es in Bayern habt. Äi. Bei ihrer vorigen Sitzung haben sogar die himmlischen Heerscharen da drüber gelästert. Und die Köpf hams gschüddld, dass es die Heiligenscheine nur so umeinanderghaud had und dass' gschebberd haben. Und dann hams glachd wie die Säi. „Die Franken feiern, weil's vor über 200 Jahren nach Bayern zwangseingemeindet worden sind", hams gesacht. „Des sindder Doldi." Und da hams fei euch gmeind.

Und der Heiner, die Kuni, der Gumbl, die kennter doch. Also der Kaiser Heinrich und sei Fraa und der Gumberdus, aber auch der Otto, der Kilian, der Veit, der Sebald und iich miir warn ganz still. Waalmer uns gschämd ham, als alde

Frankn. Und dann hab ich auch gar ned widersprochen, als der Bedrus gemeint hat, iich soll hald a weng a fränggische Hymne verfassen, dass vielleicht a mal a bissla a Selbstbewusstsein kriegn, die Franggn.

Da probier iich also edz grad a bißla rum. Dabei ham's mer die Harfe weggenommen. Weil iich so groddnschlechd schbiel. Edz versuch ich's hald mit der Gitarrn. Da bin iich auch ned besser, aber man hört's ned so. Also es muss ja irgendwas sein mit Bradwöschd und Sauergraud. Meint jedenfalls der Petrus. Aber, sagder, ich soll aufpassen, dass die Hymne ned a weng zu weng Indellegd hat. Grade für Franken bräuchdmer was Anspruchsvolles. Und da hirn ich edz scho die ganze Zeit rum. Edz hab ich scho mal in unseren himmlischen Archiven a weng gschaud. Und hab ich doch wirklich noch a Hymne gfunden, die der Scheffels Viktor früher einmal geschrieben hat. Aber seiner Fraa hat der Text ned gefallen. Und deswegn hadder dann einen neuen verfassd. Also des is jedenfalls die Originalfassung:

Wohlauf, die Bradwöschd grob und fein,
die wolln mir edzerd bradn.
Alle Sordn groß und klein
lässd uns der Himmel gradn.
Und hammer mal weng schlechd verdaud,
Weggla, Kren und Sauergraud,
kenn' miir trotz Magndruggn
noch fünf, sechs Seidla schluggn.
Fallerie, fallera, fallerie, fallera,
noch fünf, sechs Seidla schluggn.

Zweite Strophe:

Zum Bradwoschdfest auf Bergeshöhn
Senn miir emborgeschdiegen.
Miir seh'n die Wöschdla braun und schön
Auf unserm Teller liegen.
Und schbannd uns aa der Ranzn sehr
und wenn die Hosn zwiggn,

wermer edz samd Senft und mehr
noch zwaa, drei Boor verdrüggn.
Fallerie, fallera, fallerie, fallera,
noch zwaa, drei Boor verdrüggn.

Schee, gell? Mir Franggn ham hald scho immer eine Kultur gehabd. Was maant ihr, was bei uns abgegangen ist, am Hof von Ansbach! Und dann kummd der debberde Naboleon und schenkt unsern ganzen schönen fränkischen Reichskreis her an die Bayern. Als ich des von hier oben beobachdet hab, hab ich mich fei drundn in meim Grab rumgedrehd wie ein Wöschdla am Elektrogrill auf höchster Stufe.

Unser fränggisches Kulturvolk vereinigt mit diesen Isar-Barbaren. Diese altbayerischen Feichling. Die ham siich hinder dem größenwahnsinnichn Naboleon verschdeggd, während wir dem Hundsgribbala unsern Bobbes hieghalden ham. Und dann hams gschrien, die Baiern: Mächdicher Naboleon, verschone uns, zünd' Franken oo. Diese Dambl, diese hinterfotzigen!

Ääi. Miir am Ansbacher Hof haben schon den flotten Dreier gekannt, also ned, was ihr denkt, die Gavotte zu dritt meine ich natürlich, also während wir schon getanzt haben, haben die noch ned amal gewusst, was a Melodie ist. Die haben doch sogar den Mozart aus München verjagd, weil ihnen Musik als solche unheimlich war und sie sich gferchd ham. Und überdies ham sie ihre eigene Volksmusik vergessen. Fei werkli. Und des is fei überhaupt kein Späßla, sondern bittere historische Realität und eine wahrhaftige Kulturschande. Ihr eigne Volksmusik vergessn!

Und wenn unsere fränggischen Musikanten, die Debbala, im 19. Jahrhundert ned scharenweise nach Oberbayern gezogen wären, sich mit Krachledernen kostümiert und denen ihr eigene Musik zurückgebracht hätten, die wüssten heut noch ned amal, was eine Tonleiter ist.

Do ham unsere Franggn zum Beispiel gesagt: Schau Seppl, das ist eine Drombede. Und dem Seppl hat des gefallen und er hat geantwortet: Das klingt ja fast so ähnlich wies Schnäuzn nachm Schmalzler.

Und wie unsere Franggn ihnen dann gar erst die Quetschn vorgeführt haben, dann sind die rumgehüpft wies Rumblstielzchen. Und haben sich auf die Schenkel geklopft. So haben wir Franggn auch den Schuhplattler zu den Bayern gebracht.

Achgodderla, ich muss ja an meiner Hymne arbeiten. Mit dem indelekduellen Text ist des fei gscheid schwierig. Edz horchd amal her. Wie wär'sn dodermid:

dordnüber, dordnei, dordnunder, dordnauf,
dahinder, davor, daneber, dadrauf.
Da, da, da, da.

Des had doch indellegduelle Reife. Oder? Überhabbds „indelegduell". Is des Wördla ned ein Wohlklang. Die weichen „t" und des weiche „k". die fühlen sich doch an wie Weinschaum im Maul. Und des „l" erschd. Da schmiegt sich die Zunge wollüstig schmusend an den Gaumen, dass es fast scho a wenig erodisch bizzld: indelegduell.

Jedenfalls hat des Lied doch Tiefgang. Oder? Lachd ned so daab.

Versteht ihr nicht die tiefe philosophische Aussage von der Hymne? Euch kann man nix recht machen.

Wor des vielleichd mid die Bradwöschd besser?

Aber abrobo Bradwöschd. Für miich is die Bradwoschd als solche ja der höchste Ausdruck von Kultur. Die haben die Altbayern natürlich auch nicht gehabt, als sie uns anno 1806 geschluckt haben. Aber sie wolltens unbedingt nachmachen, die Bradwöschd. Und haben probiert und probiert. Rausgekommen ist – igitt – die Weißwoschd. Da kannsd ja gleich a Servieddn nehmen, a weng Senft und Salz drauftun und neimampfn.

Schmeggt aa ned viel anders als Weißwöschd. Die können ja die Dinger ned amal gscheid käia. Die würgen die weiße Salzpampe einfach runter und schütten ein Bier nach. Davor schneidens die Haut auf. Mit einem abspreizten kleinen Finger. Oder sie zulln die Wöschd ordinär aus.

Dann liegen die schlappen Häutla auf dem Teller wie ein gebrauchtes Verhüt ..., naa, iich sochs ned. Könntn ja Kinder hier sein. Wie sollstn auf so was Appetit kriegen, wennst ned pervers bist. Leffd euch des Wasser im Mund zamm?

Aber des mit den Bayern, dass a weng arch rückständig sind, um des vorsichtig auszudrüggn, mer könnt auch sagn, sie sind manchmal a weng vom Moggl gebuffd, wie es in Franggn so schön heißt, also des mit den Bayern und dass die so ganz klanns bissla gaga sind, des is ja goddgewolld. Des hat mir sogar der Bedrus selbst derzähld.

Also als der liebe Gott die Welt fertich hadde, had er sie stolz dem Bedrus gezeigd. Und gesagd: Schau, das ist die Erde. Dord werde ich dich auch einmal hinschicken. Und das Besondere daran ist, dass ich überall Gegensätze und Gleichgewichte schaffe. Und er hat auf Europa gedeutet und auf Afrika und hat erklärt: Hier wohnen hellhäutige Menschen und dort dunkelhäutige. Und an den Polen ist es eiskalt und am Äquator heiß. In den Tropen ist das Klima feucht und in der Wüste trocken. Mancherorts gibt's hohe Berge, anderswo nur Ebenen. Und so weiter.

Dann hat sich der Bedrus die Erde mal genauer angeschaud und auf einen Fleck gezeigt, der ihm besonders aufgefallen ist. „Was isn des?“, hattern lieben Gott gefragt. Und der hat mit leuchtenden Augen geantwortet: Das ist Franken. Der schönste und beste Ort der ganzen Welt. Da gibt es Wälder und Hügel, Flüsse und Seen. Da wächst wunderbarer Wein, da findest du die idyllischsten Wirtshäuser, da gibt es Bradwöschd mit Kraud, Schäufele und Gniedla, aber auch gebackene Karpfen und den 1. FC Nürnberg, besonders den. Die Menschen dort sind die klügsten, fleißigsten und cleversten.

Der Bedrus war jedenfalls tief beeindruckt. Aber, hadder dann gesagd: Was ist dord mit dem Gleichgewicht und dem Gegensatz?

Mach dir keine Sorgen, hat der liebe Gott gemeint, gleich nebenan ist Altbayern.

Edz frochd ihr beschimmd: Ja, wie issn des passiert, mit diesen riesigen Unterschieden zwischen den Altbayern und den Franggn. Des kam so: Als der liebe Gott die Menschen a weng verteilt hat, hat er an einem Tunnel nördlich von Ingolstadt ein Schild aufgestellt. Da stand drauf: Hier endet der schönste Teil der Erde. Die, die zu daab warn, zu lesen, sind durch den Tunnel durchgegangen nach Oberbayern. Dord leben sie heute noch.

Ach ja, miir spekulieren da in den Himmeln fei oft, was wär eigendlich geworden, wenn die Bayern anno dunnemals beim Naboleon ned so feich gewesen wären. Oder wenn der Naboleon damals bei der Dreikaiserschlacht gscheid aane auf die Nuss griechd hätt. Dann wär nämlich München heidzerdoch wahrscheinlich ein unbedeutendes österreichisches Provinzstädtla. Und unser Stoibers Edi wär wahrscheinlich Regionalbeauftragter für die Erhaltung des bodenständigen bayerischen Humors. Weil er immer so schöne Witzla macht und so herzerfrischend natürlich lacht. Aber so einer wie der Edi ist natürlich immer auch Vorsitzender. Ich könntmer vorstellen, dass er im österreichischen Landkreis Altbayern Präsident der Stottererhilfe Wolfratshausen wär.

Und Franggn? Des wär wahrscheins – achgodderla naa – ein Bundesland von Großpreißn. Do wär vermudlich der Beggsteins Günder Ministerbräsident. Wir müssten „Guten Tach" sagen und: Es ist jetzt Viertel nach Acht, statt Viertelneun. Und Mulitguldi gäbs dann höchstens mit der Oberpfalz. Die Altbayern, die bei uns leben wollten, müssten zuvor einen Fragebogen mit intimen Fragen ausfüllen und nachweisen, dass sie keine bajuwarischen Schwulen oder Extremisten sind. Und die altbarischen Gebirgs-Böllerschützen dädn unter Terrorismusverdacht ausgewiesen werden. Der Entwicklungsminister müsserd seine Tätigkeit wahrscheinlich hauptsächlich auf Altbayern konzentrieren. Und wir Franken müsserden gscheid Entwicklungshilfe nach München neisteggn.

Ja, ja, so wär des, wenn die Geschichte anders verlaufen wär. Dann wären wir allerdings auch nie Papst geworden, sondern die Österreicher. Und wir hätten natürlich auch unsere bayerischen Bezirke nicht. Auch nicht den Bezirk Mittelfranken, das bedeutendste politische Organ zwischen Spessart und Karwendel. Da kannst fei Gift drauf nehmen. Die Bezirksräte sind die wahren Nachfahren von uns Markgrafen. Wer leistet sich denn heute noch schlösserähnliche Bauwerke wie den Glaspalast in Ansbach gleich neben der Psychiatrie? Da kostet allein der Briefkasten so viel wie ein Auto.

Aber es ist auch nicht irgendein Briefkasten. Das ist ein Tausendsassa. Der kann sogar sprechen.
Wenn du hinkommst zu ihm, fragt er dich: „Was ist dein Begehr?" Und du sagst: „Ein Briefla halt, hädd iich, möcherd iich a weng einstecken." Dann fragt der wieder: „Wem ist es zugedacht?" Du antwortest: „Dem Herrn Bräsidenden bersönlich." No sagt der wieder: „Und was ist dein Anliegen?" Dann maanst du: „Ich hätte a bissla a Beschwerde. Die Woschdweggli im Freilandmuseum sind immer so mager belegt."

„Ja", erklärt dann der Briefkasten, „das ist ein gravierendes Problem. So ähnliche schwerwiegende Probleme haben wir hier beim Bezirk gar viele zu lösen. Die Tagesordnungen unserer Sitzungen sind voll damit. Deshalb zürne nicht, wenn der Herr Präsident nicht heute gleich dazukommt, sich um deine Beschwerde zu kümmern. Heute nämlich beispielsweise hat er gerade die Hiobsbotschaft empfangen, dass in der Forschungsstelle für fränkische Volksmusik die Saite einer Gitarre gerissen ist. Aber schon ist er unterwegs und kümmert sich. Außerdem hat im fürstlich-bezirklichen schweineteuren Saustall in Triesdorf ein Ferkele den Schweineschnupfen bekommen." Und du fragst besorgt: „Achgodderla, da läuft ihm wohl gar der Gaafer aus der Schnubbern, also aus dem Rüssala." – „Ja, ja", sagt der Briefkasten, „das sind Sorgen."

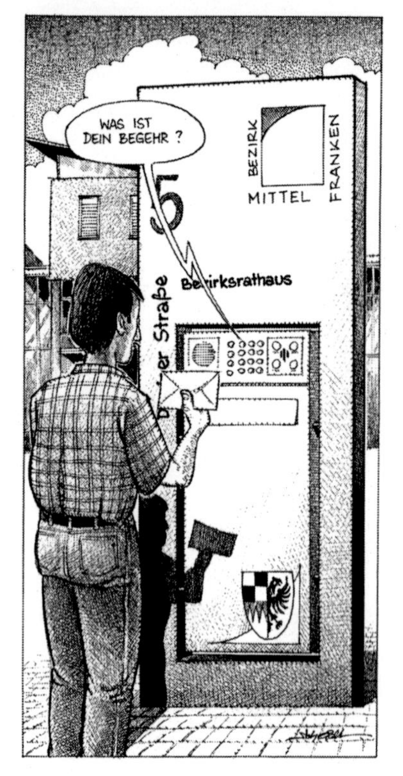

Und du stellst mit einem inbrünstigen „Aha", und voller Ehrfurcht fest: „So ein Bezirk hat fei werkli allewaal wichtige Aufgaben und deshalb ist er auch überhaupt nicht überflüssig. Und weil eine Verwaltung oder sonst wer solche Probleme nicht lösen kann, braucht er auch ein eigenes, gewähltes Parlament und Parlamentarier, die über all dies schützend ihre Hand aufhalten, pardon, ausstrecken.". „Wenn du so denkst", meint dann der Briefkasten, „stecke dein Brieflein getrost ein".

Und dann fragst du noch, ob es dein Brieflein denn auch bequem hat in dem Kasten und erfährst: „Ja, ja, ich bin sogar beheizt, damit dein Brieflein winters nicht friert. Ich bin nämlich eine Designer-Stück und ein Sonderexemplar. Das habe ich mit den Bezirksräten gleich. Das sind auch mitunter sehr sonderbare Exemplare. Und vor Vandalismus bin ich auch geschützt. Nur nicht vor Traktoren, die Schnee räumen und mich umfahren und vor Journalisten, die dumme Fraugen stellen und süffisante Geschichten über mich schreiben. So, jetzt ist genug geredet! Her den Brief!" Und dann schmeißt du ihn ein mit den besten Grüßen an den Herrn Bräsidenden.

Wenn wir in den Himmeln also so hören, was aus Franken und Bayern geworden wäre, wenn sie nicht zwangsvereinigt worden wären, was euch geblüht hätte und was euch fehlen würde, kommen wir zur Ansicht, dass vielleicht ein Franken in Bayern gar nicht so schlecht ist. Überlegt amal, ihr hättet fei nix zu lachen. Im wahren Sinn des Wortes. Schon allein wenn man an die fränkischen Kabarettisten denkt oder an den Frankenfasching. Was wären die, ohne dass sie gscheid die Altbayern veralbern könnten? Sollnse sich doch unser Herzogsschwert sonst wo hieschdeggn, die Altbayern. Und den vier Aposteln, da hab iich sie extra gefragt, denen isses aa woschd, ob ihre Bildla in Nürnberch oder in München hänga. Bevor siich irgendwer die Köpf einschlächd, ham's gsagd, soll Franggn lieber bei Bayern und des Bilderzeich in München bleiben.

Dunnerwedder. Edz hab iich doch vor lauder Gwaaf gladd mei Hymne vergessen. Ich glaab, des wird eh nix. Überhabbds. Der Bedrus hat mich, maan iich, gerufen. Wahrscheinlich willer miich widder nach Franggn schiggen. Iich soll nämlich edz amal beim Rumgeistern des Rezept vo die fränggischen Bradwöschd und vom fränggischen Bier stibitzen, damit es beim nächsten Franggn-Fest auf der Himmelswiesen ned wieder bloß a Manna gibt und an Himmelstau. Also, ade dann. Vielleicht sehmer uns in Franggn!

Ein Nachwort: Wie der Franke zu seiner Sprache kam

Die Mundart insgesamt, die fränkische besonders, spielt in einer globalisierten Welt bei der Suche vieler Menschen nach landsmannschaftlicher Identität eine wichtige Rolle. Aber wie entstand der fränkische Dialekt, welche Facetten haben sich gebildet und warum?

Was die Entstehung der fränkischen Sprache betrifft, ist die Wissenschaft auf vage Erkenntnisse angewiesen. Weil nämlich aus den entscheidenden Jahren und Jahrhunderten fast nichts überliefert ist. Die Völkerwanderung war diesbezüglich wohl ein wichtiges Ereignis. Sicher dürfte sein, dass danach die Gebiete der Thüringer und der Alemannen beim Maindreieck und im südlichen Spessart aneinander grenzten. Es ist den Historikern nicht ganz klar, wie weit der thüringische Einfluss reichte. Auf jeden Fall muss das Reich groß gewesen sein. Das jetzige Gebiet Frankens lag mitten drinnen. Dann unterwarfen (531 n. Chr.) die Franken das thüringische Reich. Im frühen achten Jahrhundert wurde schließlich etwa der Bereich des heutigen Unterfrankens nach fränkisch-karolingischem Muster durchorganisiert.

In dieser Region und dieser Zeit liegt nach Ansicht der Wissenschaftler wohl auch die Wiege der heutigen fränkischen Sprache. Ausgangspunkt also war der alemannisch-thüringische Kontakt am Mittelmain. Einige Zeit später, im Hochmittelalter, prägten dann – vor allem in Ober- und Mittelfranken – die Kontakte der ansässigen Bevölkerung mit den Menschen aus Nordbaiern die Sprache. So entstand durch Vermischungen das Fränkische mit seinen unterschiedlichen Formen und den ungezählten Nuancen.

Wissenschaftlich ausgedrückt heißt die Sprache, die heute landläufig „Fränkisch“ genannt wird, Ostfränkisch. Ein Westfränkisch gibt es zwar wissenschaftlich nicht, wohl aber in der Realität: Nach Expertenmeinung wird es in großen Teilen Hessens, in Rheinland-Pfalz und in Baden bis hinunter nach Karlsruhe gesprochen. Der Dialekt in Hohenlohe, also in den Räumen Crailsheim und Schwäbisch Hall, ehemals politisch fränkische Territorien, zählt wieder zu den ostfränkischen Mundarten, obwohl er für fränkische Ohren schwäbisch klingt.

Das heutige politische Franken mit den drei Regierungsbezirken Ober-, Mittel- und Unterfranken gliedert sich in mehrere Sprachräume auf. Der größte von ihnen ist der, in dem das so genannte Oberostfränkisch gesprochen wird und der etwa von Hof bis Ansbach/Gunzenhausen reicht. Der unterostfränkische Sprachraum umfasst die Gebiete um Würzburg und Schweinfurt. Südostfränkisch mit deutlich alemannischem Anklang sprechen die Menschen im Bereich Rothenburg–Feuchtwangen. Eine Sonderstellung nimmt aus Sicht der Sprachforscher die Region Weißenburg ein, wo Einflüsse des Fränkischen, des Schwäbischen und des Nordbaierischen ineinander fließen. Ausgeprägte bairische Elemente weisen auch die Mundarten im östlichen Nürnberger Land und der Gegend um Marktredwitz, im Sechsämterland, auf. Dies sind nach Ansicht der Experten im Prinzip schon keine fränkischen Dialekte mehr.

Bairische Töne klingen ebenfalls im Nürnberger Dialekt an mit seinen „ou"-Lauten (nou, dou, wou). Der Einfluss ist hier wohl auf Siedlungsaktionen der Staufer zurückzuführen, die viele Menschen aus dem nordbairischen Sprachraum in die Stadt brachten.

Der Fürther Dialekt, so konstatieren die Sprachforscher, unterscheidet sich im Übrigen kaum von Nürnberger, auch wenn bisweilen Gegenteiliges behauptet wird. Eine Ausnahme ist die Pluralendung des „-lein". Der Nürnberger sagt „Häusla", der Fürther „Häusli" (wie der Westmittelfranke). Der Vater ist in Nürnberg der „Vadder", in Fürth eher der „Vaddä".

Auch hier zeigt sich, dass über die großen Sprachräume hinaus in Franken Hunderte von Sprachnuancen existieren, die beispielsweise wieder geprägt sind von ehemaligen Territorien: Die Sprache in den fränkischen Fürstbistümern klang und entwickelte sich eben anders als zum Beispiel in den Markgrafentümern. Oder in den Reichsstädten. Und dann gab es noch die Gebiete ganz am Rand Frankens: den Raum Aschaffenburg, wo heute das westfränkische Hessisch zu Hause ist. Oder Dinkelsbühl, das die Fachleute als „schwäbisches Übergangsgebiet" einschätzen. Und, das kommt hinzu, der Dialekt lebt, verändert sich bis heute unentwegt mit dem Zeitgeschehen.

Immer aber bleibt Franken ein bunter Teppich von Sprachzonen. Wen wundert's, wenn dann solche kuriosen Unterschiede entstehen wie bei der Übersetzung des hochdeutschen Satzes: „Das breite Brett muss man abschneiden lassen." Auf oberostfränkisch heißt das: Des braade Bredd mussmer ooschneidn lassn. Auf unterostfränkisch: Es breede Brad mussmer ooloss schneid.